Impressum
Verlag: BABADADA GmbH, Nedderfeld 112 , 22529 Hamburg
Geschäftsführer / Verlagsleitung: Harald Hof
Druck: Books on Demand GmbH, In de Tarpen 42, 22848 Norderstedt

Imprint
Publisher: BABADADA GmbH, Nedderfeld 112 , 22529 Hamburg, Germany
Managing Director / Publishing direction: Harald Hof
Print: Books on Demand GmbH, In de Tarpen 42, 22848 Norderstedt

škola

school

dělit
divide

$186/2$

tabule
board

třída
classroom

školní hřiště
school yard

učitel
teacher

papír
paper

psát
write

pero
pen

psací stůl
desk

pravítko
ruler

kniha
book

žák
pupil

aktovka

satchel

penál

pencil case

tužka

pencil

ořezávátko

pencil sharpener

guma

rubber

blok na kreslení

drawing pad

výkres

drawing

štětec

paintbrush

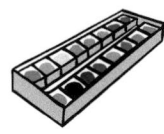

malířské potřeby

paint box

nůžky

scissors

lepidlo

glue

cvičebnice

exercise book

domácí úkol

homework

počet

number

2+2

sčítat

add

5-2

odčítat

subtract

2×2

násobit

multiply

počítat

calculate

písmeno

letter

abeceda

alphabet

slovo

word

text

text

číst

read

křída

chalk

hodina

lesson

třídní kniha

register

zkouška

examination

vysvědčení

certificate

školní uniforma

school uniform

vzdělání

education

encyklopedie

encyclopedia

univerzita

university

mikroskop

microscope

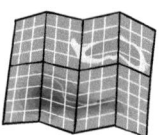

karta

map

odpadkový koš na papír

waste-paper basket

cesta
travel

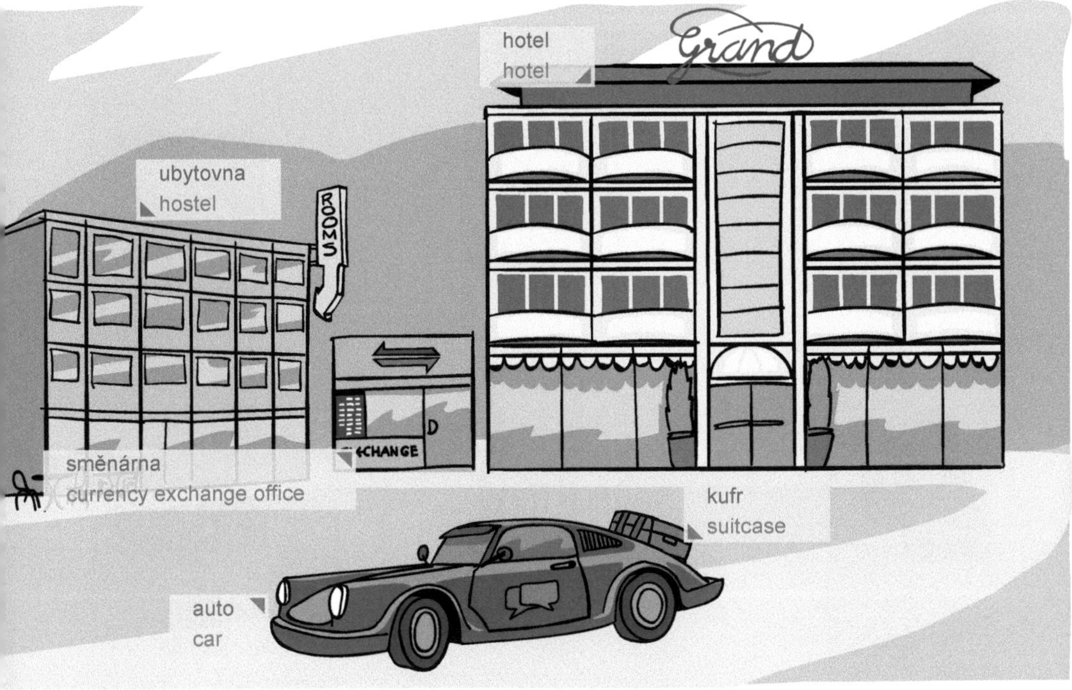
hotel
hotel
Grand
ubytovna
hostel
ROOMS
EXCHANGE
směnárna
currency exchange office
kufr
suitcase
auto
car

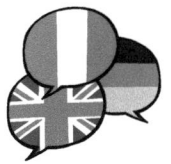

jazyk

language

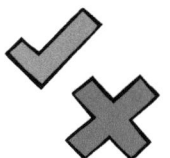

ano / ne

yes / no

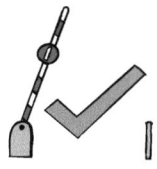

oukej

Okay

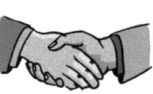

Ahoj!

hello

překladatel

translator

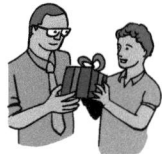

děkuji

Thank you

Kolik stojí...?

how much is…?

nerozumím

I don´t get it

problém

problem

Dobrý večer!

Good evening!

Dobré ráno!

Good morning!

Dobrou noc!

Good night!

na shledanou

goodbye

směr

direction

zavazadlo

luggage

taška

bag

batoh

backpack

host

guest

pokoj

room

spací pytel

sleeping bag

stan

tent

turistické informace

tourist information

pláž

beach

kreditní karta

credit card

snídaně

breakfast

oběd

lunch

večeře

dinner

jízdenka

Ticket

výtah

elevator

poštovní známka

stamp

hranice

border

clo

customs

poselství

embassy

vízum

visa

pas

passport

cesta - travel

7

transport
transport

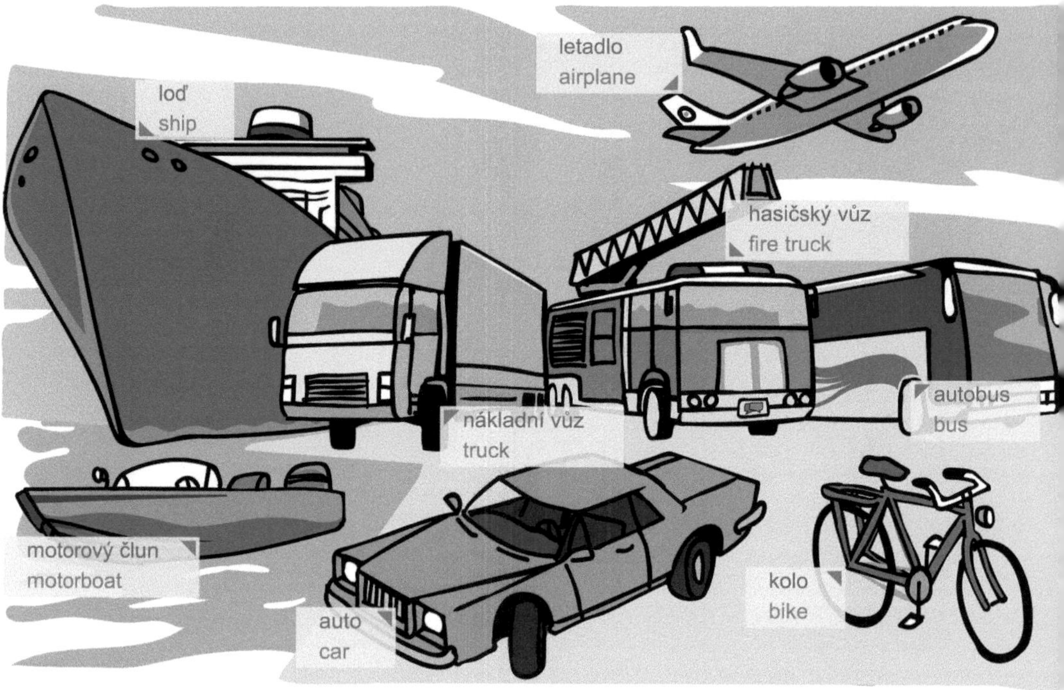
letadlo
airplane
loď
ship
hasičský vůz
fire truck
autobus
bus
nákladní vůz
truck
motorový člun
motorboat
kolo
bike
auto
car

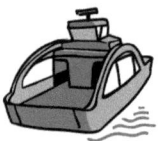

přívoz

ferry

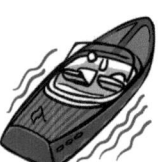

člun

boat

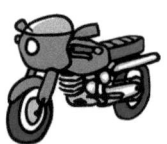

motorka

motorbike

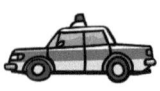

policejní auto

police car

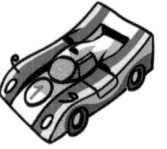

závodní auto

racing car

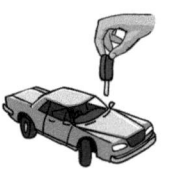

pronajaté auto

rental car

sdílení aut

car sharing

odtahová služba

tow truck

popelářský vůz

garbage truck

motor

engine

palivo

fuel

čerpací stanice

fuel station

dopravní značka

traffic sign

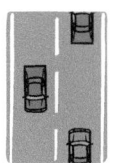

doprava

traffic

dopravní zácpa

traffic jam

parkoviště

parking lot

vlakové nádraží

train station

koleje

tracks

vlak

train

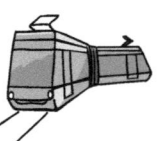

tramvaj

tram

vagón

wagon

helikoptéra

helicopter

letiště

airport

věž

tower

pasažér

passenger

kontejner

container

kartón

carton

trakař

cart

koš

basket

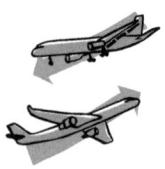

vzlétnout / přistát

take off / land

město

city

vesnice

village

střed města

city center

dům

house

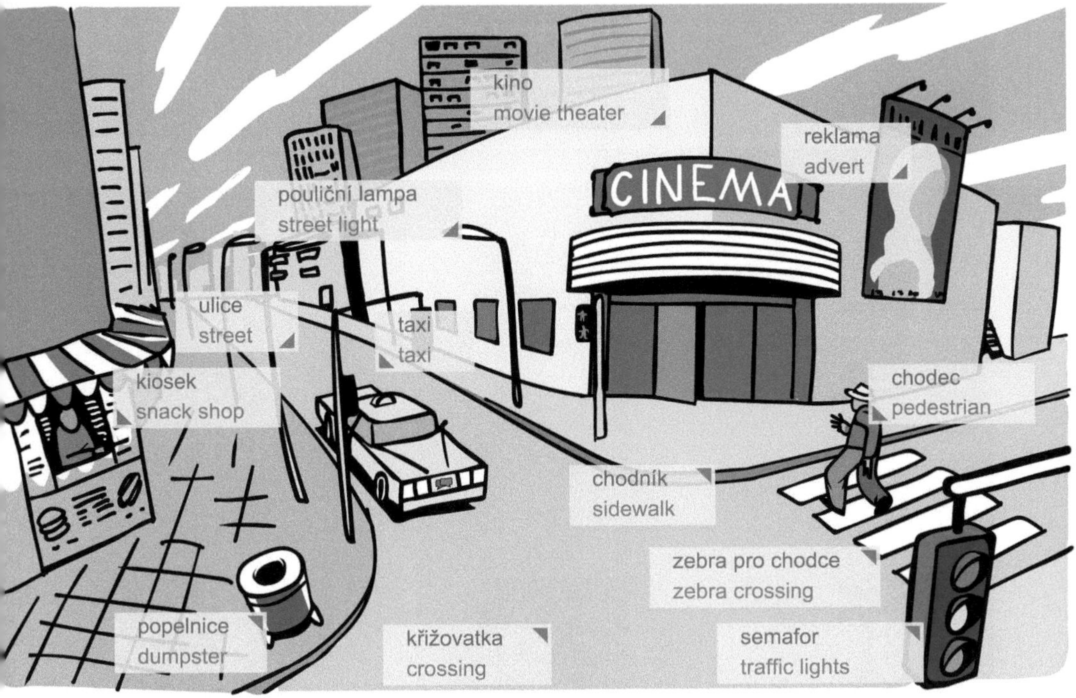

kino / movie theater

reklama / advert

pouliční lampa / street light

CINEMA

ulice / street

taxi / taxi

kiosek / snack shop

chodec / pedestrian

chodník / sidewalk

zebra pro chodce / zebra crossing

popelnice / dumpster

křižovatka / crossing

semafor / traffic lights

chata
hut

byt
apartment

vlakové nádraží
train station

radnice
city hall

muzeum
museum

škola
school

univerzita
university

banka
bank

nemocnice
hospital

hotel
hotel

lékárna
pharmacy

kancelář
office

knihkupectví
book shop

obchod
shop

květinářství
flower shop

supermarket
supermarket

tržnice
market

obchodní dům
department store

rybárna
fishmonger's shop

nákupní centrum
mall

přístav
harbor

park

park

lavička

bench

most

bridge

schody

stairs

metro

subway

tunel

tunnel

autobusová zastávka

bus stop

bar

bar

restaurace

restaurant

poštovní schránka

postbox

pouliční tabule

street sign

parkovací hodiny

parking meter

zoo

zoo

plovárna

swimming pool

mešita

mosque

usedlost
farm

znečišťování životního prostředí
pollution

hřbitov
cemetery

církev
church

hřiště
playground

chrám
temple

krajina
landscape

list
leaf

rozcestník
signpost

cesta
path

louka
meadow

kámen
stone

strom
tree

turista
hiker

řeka
river

tráva
grass

květina
flower

údolí
valley

hora
hill

jezero
lake

les
forest

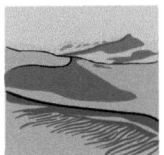

poušť
desert

sopka
volcano

zámek
castle

duha
rainbow

houba
mushroom

palma
palm tree

komár
mosquito

moucha
fly

mravenec
ant

včela
bee

pavouk
spider

brouk

beetle

žába

frog

veverka

squirrel

ježek

hedgehog

zajíc

hare

sova

owl

pták

bird

labuť

swan

divoké prase

boar

jelen

deer

los

moose

přehrada

dam

větrné kolo

wind turbine

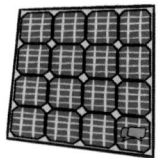

solární panel

solar panel

podnebí

climate

restaurace
restaurant

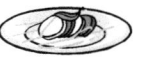

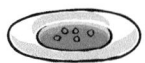

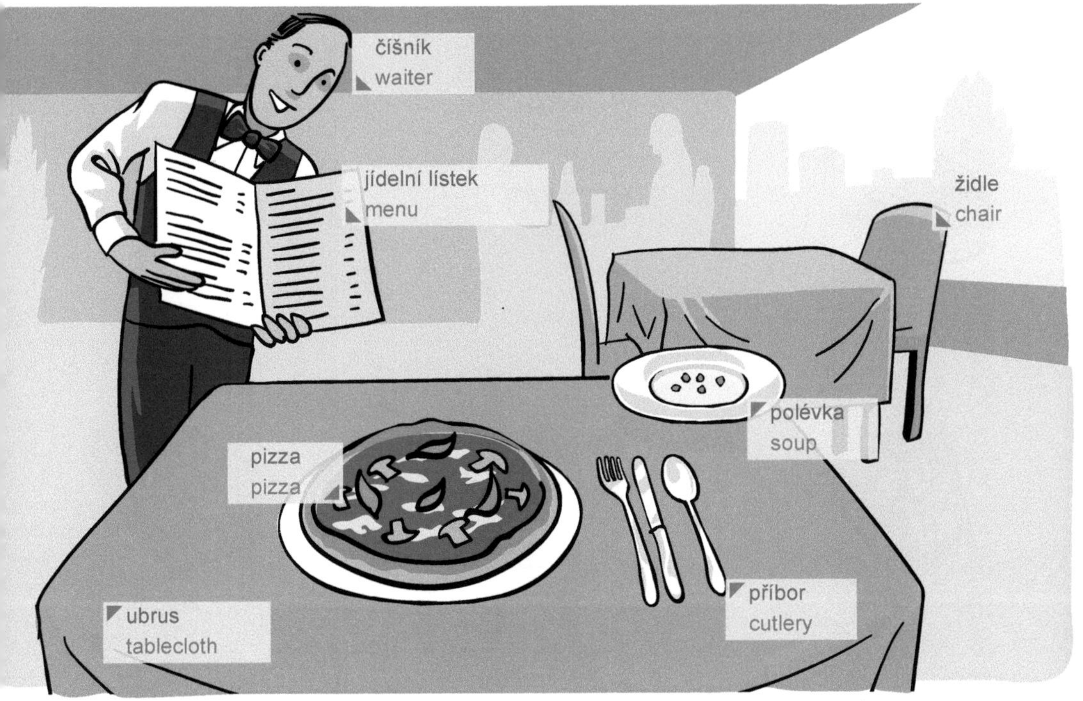

číšník
waiter
jídelní lístek
menu
židle
chair
polévka
soup
pizza
pizza
příbor
cutlery
ubrus
tablecloth

předkrm

starter

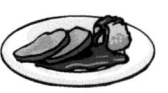

hlavní chod

main course

dezert

dessert

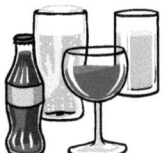

nápoje

drinks

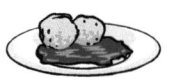

jídlo

food

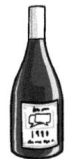

láhev

bottle

rychlé občerstvení

fast food

pouliční občerstvení

street food

čajová konvice

teapot

cukřenka

sugar bowl

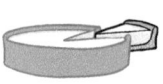

porce

portion

kávovar na espresso

espresso machine

dětská stolička

high chair

faktura

bill

tác

tray

nůž

knife

vidlička

fork

lžíce

spoon

čajová lyžička

teaspoon

ubrousek

serviette

sklenička

glass

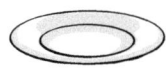

talíř

plate

talíř na polévku

soup plate

podšálek

saucer

omáčka

sauce

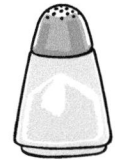

slánka

salt shaker

mlýnek na pepř

pepper mill

ocet

vinegar

olej

oil

koření

spices

kečup

ketchup

hořčice

mustard

majonéza

mayonnaise

supermarket
supermarket

nabídka
special offer
FOR
zákazník
customer
mléčné výrobky
dairy products
ovoce
fruit
nákupní vozík
shopping cart

BUTCHERS

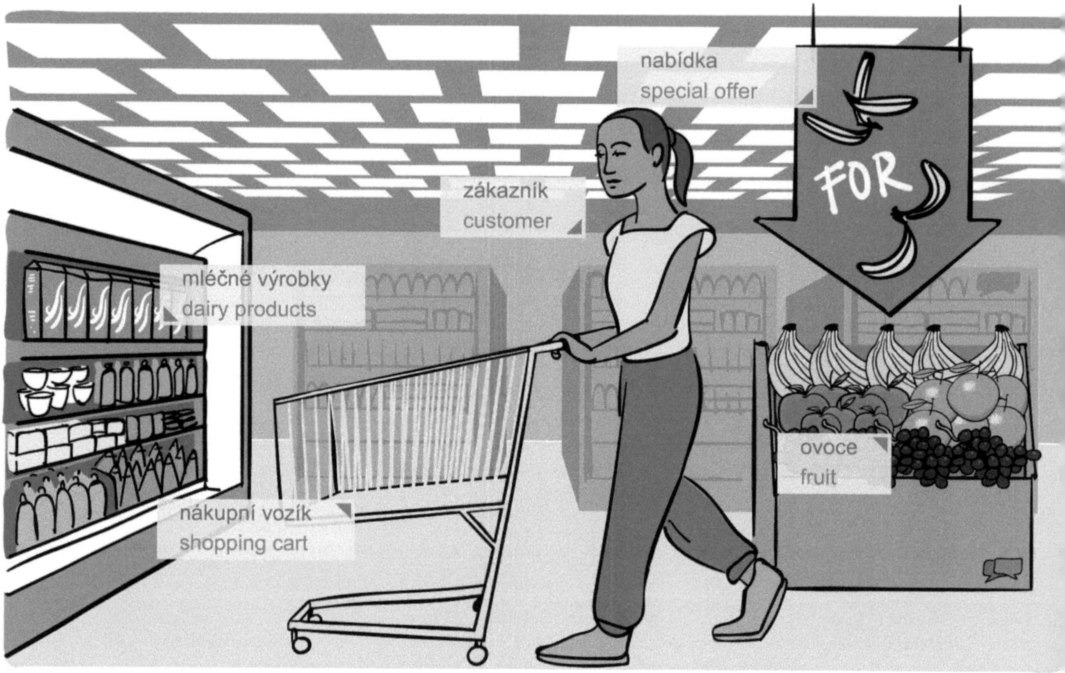

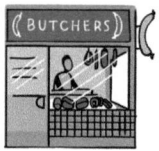

masna

butcher's shop

BAKERY

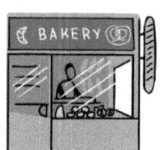

pekařství

bakery

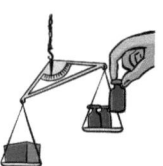

vážit

weigh

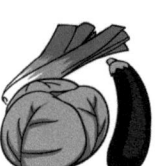

zelenina

vegetables

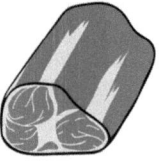

maso

meat

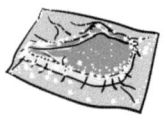

mražené potraviny

frozen food

obložený talíř

cold cuts

konzervy

canned food

prací prášek

detergent

cukrovinky

candy

výrobky pro domácnost

household products

čisticí prostředek

cleaning products

prodavačka

sales representative

pokladna

cash register

pokladní

cashier

nákupní seznam

shopping list

otevírací doba

opening hours

peněženka

wallet

kreditní karta

credit card

taška

bag

igelitová taška

plastic bag

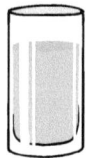

voda

water

džus

juice

mléko

milk

kola

coke

víno

wine

pivo

beer

alkohol

alcohol

kakao

cocoa

čaj

tea

káva

coffee

espresso

espresso

kapučíno

cappuccino

banán

banana

jablko

apple

pomeranč

orange

meloun

melon

citrón

lemon

mrkev

carrot

česnek

garlic

bambus

bamboo

cibule

onion

houba

mushroom

ořechy

nuts

těstoviny

noodles

špageti

spaghetti

rýže

rice

salát

salad

hranolky

fries

americké brambory

fried potatoes

pizza

pizza

hamburger

hamburger

sendvič

sandwich

řízek

escalope

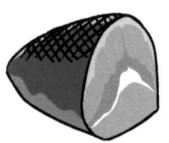

šunka

ham

salám

salami

salám

sausage

kuře

chicken

pečeně

roast

ryby

fish

jídlo - food

ovesné vločky

porridge oats

müsli

muesli

vločky

cornflakes

mouka

flour

croissant

croissant

houska

bread roll

chléb

bread

toast

toast

sušenky

cookies

máslo

butter

tvaroh

curd

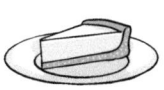

buchta

cake

vejce

egg

volské oko

fried egg

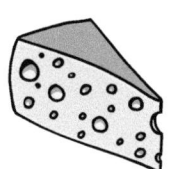

sýr

cheese

zmrzlina

ice cream

cukr

sugar

med

honey

marmeláda

jelly

nugátový krém

nougat cream

kari

curry

jídlo - food

usedlost

farm

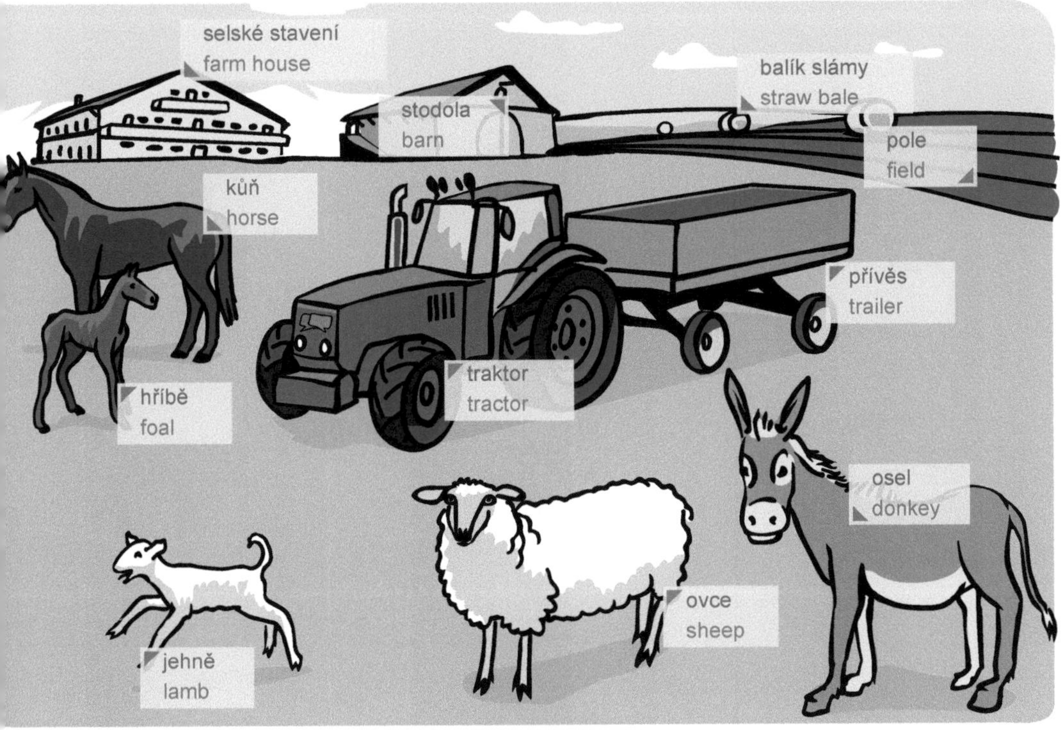
selské stavení
farm house
stodola
barn
balík slámy
straw bale
pole
field
kůň
horse
přívěs
trailer
hříbě
foal
traktor
tractor
osel
donkey
ovce
sheep
jehně
lamb

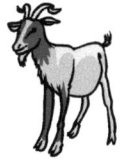

koza

goat

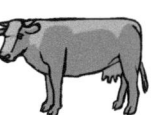

kráva

cow

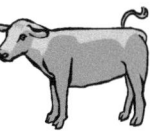

tele

calf

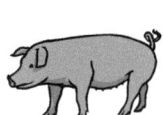

prase

pig

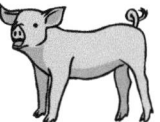

sele

piglet

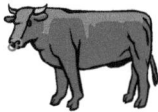

býk

bull

husa

goose

kachna

duck

kuře

chick

slepice

hen

kohout

cockerel

krysa

rat

kočka

cat

myš

mouse

vůl

ox

pes

dog

psí bouda

dog house

zahradní hadice

garden hose

kropicí konev

watering can

kosa

scythe

pluh

plow

srp

sickle

motyka

hoe

vidle

pitchfork

sekera

axe

kolecko

pushcart

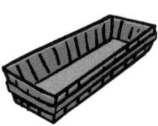

koryto

trough

konev na mléko

milk can

pytel

sack

plot

fence

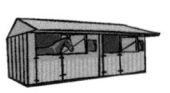

stáj

stable

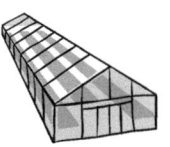

skleník

greenhouse

půda

soil

osivo

seed

hnojivo

fertilizer

kombajn

combine harvester

sklidit

harvest

sklizeň

harvest

smldinec

yams

pšenice

wheat

sója

soya

brambora

potato

kukuřice

corn

řepka

rapeseed

ovocný strom

fruit tree

maniok

manioc

obilí

grain

dům

house

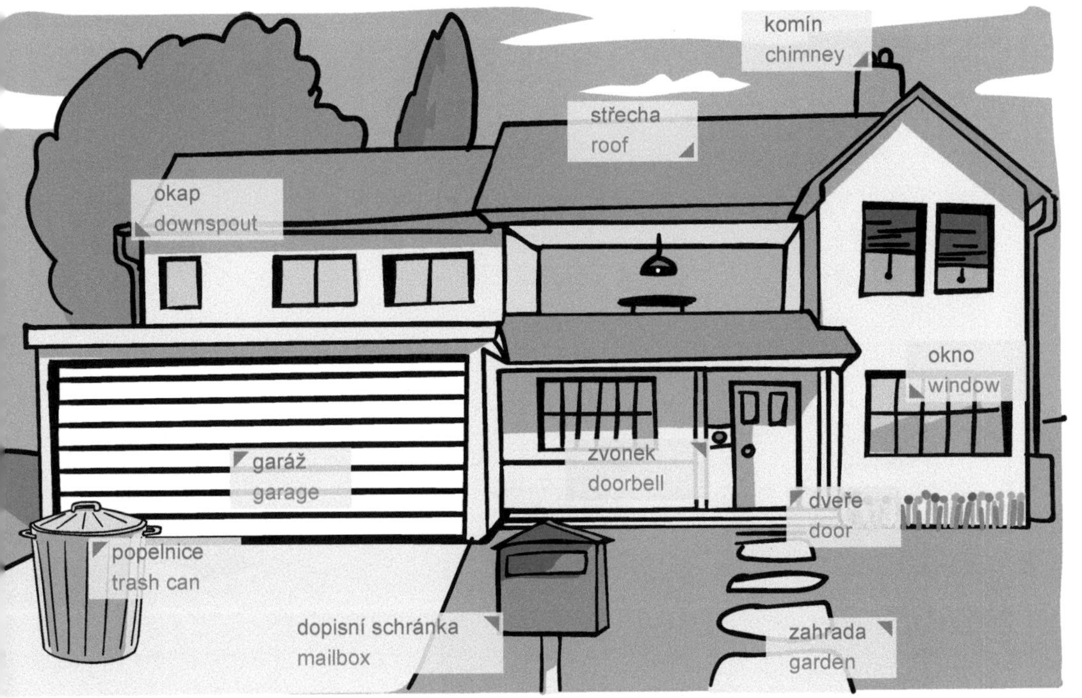
komín
chimney
střecha
roof
okap
downspout
okno
window
garáž
garage
zvonek
doorbell
dveře
door
popelnice
trash can
dopisní schránka
mailbox
zahrada
garden

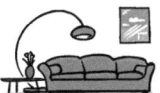

obývací pokoj

living room

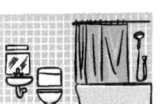

koupelna

bathroom

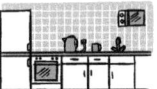

kuchyně

kitchen

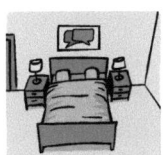

ložnice

bedroom

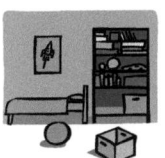

dětský pokoj

kids room

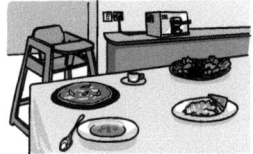

jídelna

dining room

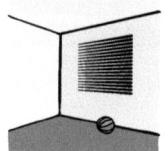

podlaha

floor

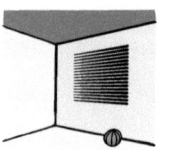

zeď

wall

deka

ceiling

sklep

cellar

sauna

sauna

balkón

balcony

terasa

terrace

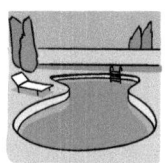

bazén

pool

sekačka na trávu

lawn mower

ložní prádlo

sheet

lůžková přikrývka

bedspread

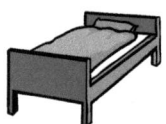

postel

bed

smeták

broom

kýbl

bucket

vypínač

switch

dům - house

obývací pokoj
living room

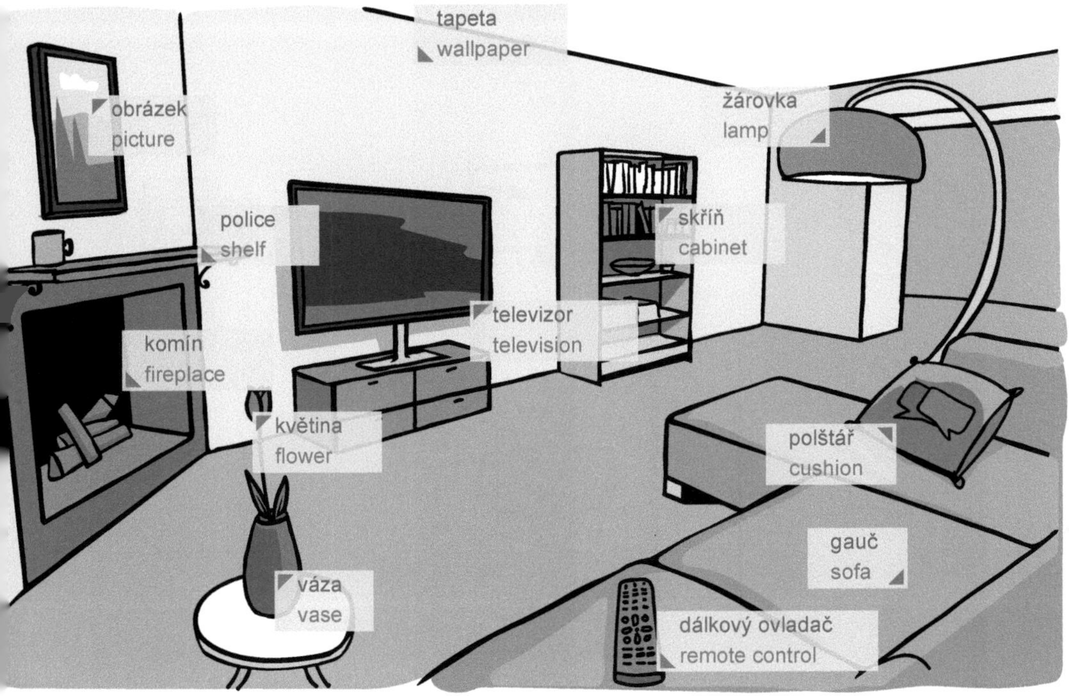
tapeta
wallpaper
obrázek
picture
žárovka
lamp
police
shelf
skříň
cabinet
televizor
television
komín
fireplace
květina
flower
polštář
cushion
gauč
sofa
váza
vase
dálkový ovladač
remote control

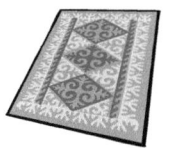

koberec

carpet

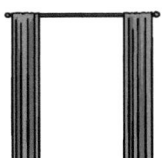

závěs

drape

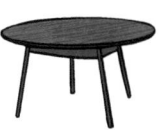

stůl

table

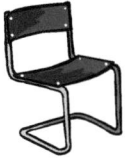

židle

chair

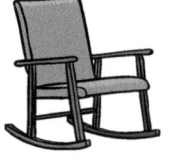

houpací křeslo

rocking chair

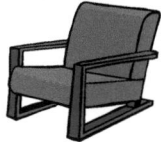

křeslo

armchair

kniha

book

strop

blanket

ozdoba

decoration

palivové dříví

firewood

film

film

stereo souprava

stereo system

klíč

key

noviny

newspaper

malba

painting

plakát

poster

rádio

radio

poznámkový blok

notebook

vysavač

vacuum cleaner

kaktus

cactus

svíce

candle

kuchyně
kitchen

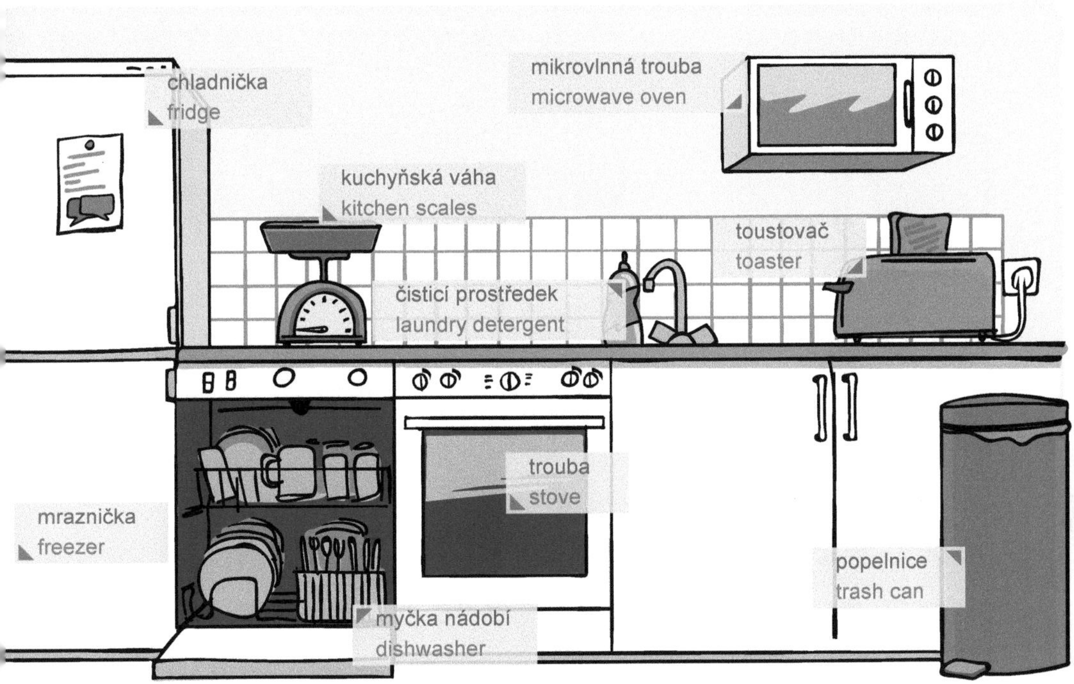

chladnička
fridge
mikrovlnná trouba
microwave oven
kuchyňská váha
kitchen scales
toustovač
toaster
čisticí prostředek
laundry detergent
trouba
stove
mraznička
freezer
popelnice
trash can
myčka nádobí
dishwasher

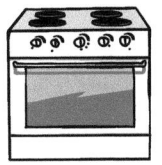

sporák

cooker

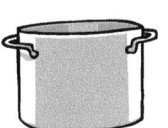

hrnec

pot

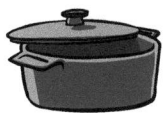

litinový hrnec

cast-iron pot

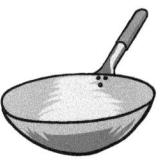

wok / kadai

wok / kadai

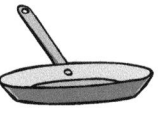

pánev

pan

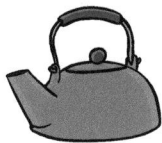

varná konvice

kettle

parní hrnec

steamer

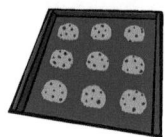

plech na pečení

baking tray

nádobí

crockery

hrnek

mug

miska

bowl

jídelní hůlky

chopsticks

naběračka

ladle

obracečka

spatula

metla

whisk

síto

strainer

cedník

sieve

struhadlo

grater

hmoždíř

mortar

gril

barbecue

ohniště

fireplace

prkénko na krájení

chopping board

váleček na těsto

rolling pin

vývrtka

corkscrew

dóza

can

otvírák na konzervy

can opener

chňapka

oven cloth

umyvadlo

sink

kartáč na nádobí

brush

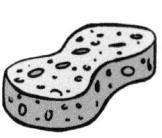

houba

sponge

mixér

blender

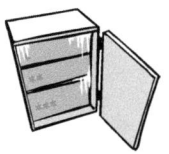

mrazák

deep freezer

dětská lahev

baby bottle

kohoutek

tap

koupelna
bathroom

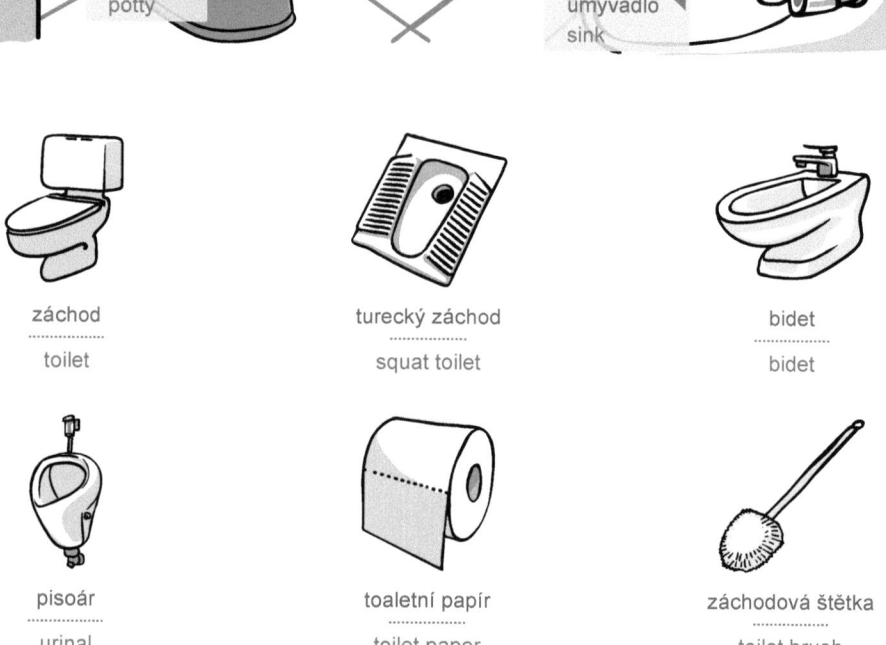

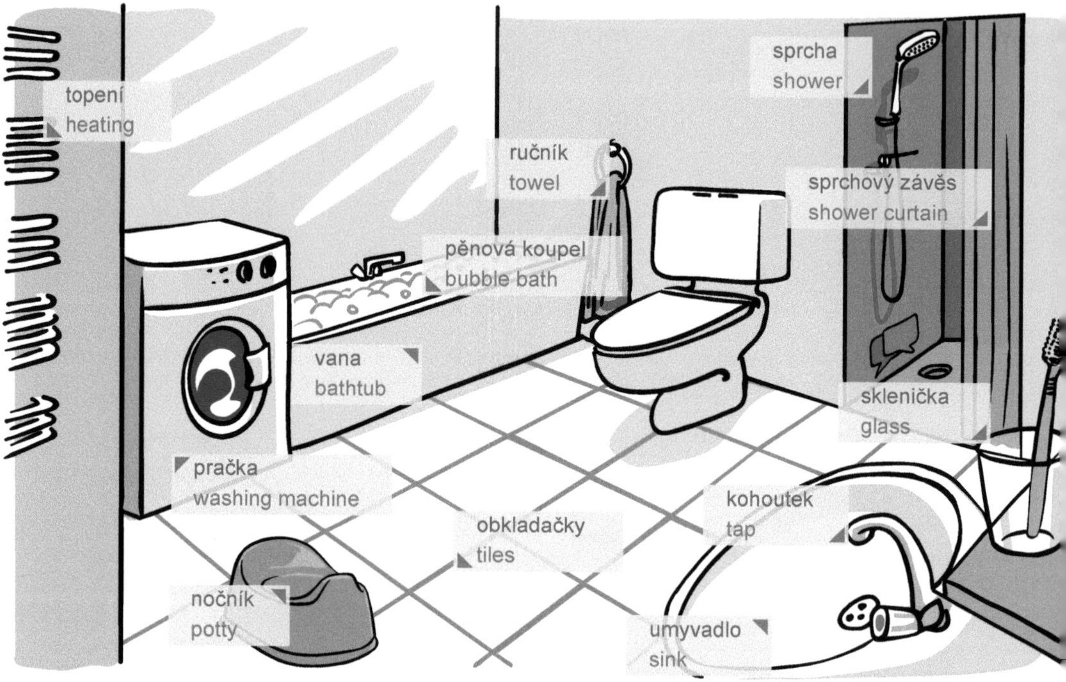
topení
heating
sprcha
shower
ručník
towel
sprchový závěs
shower curtain
pěnová koupel
bubble bath
vana
bathtub
sklenička
glass
pračka
washing machine
kohoutek
tap
obkladačky
tiles
nočník
potty
umyvadlo
sink

záchod

toilet

turecký záchod

squat toilet

bidet

bidet

pisoár

urinal

toaletní papír

toilet paper

záchodová štětka

toilet brush

zubní kartáček

toothbrush

zubní pasta

toothpaste

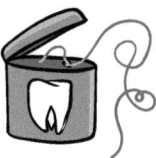

zubní niť

dental floss

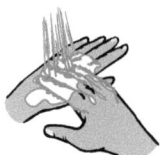

mýt

wash

ruční sprcha

hand shower

intimní sprcha

douche

umyvadlo

basin

kartáč na záda

back brush

mýdlo

soap

sprchový gel

shower gel

šampón

shampoo

žínka

flannel

odpad

drain

krém

creme

deodorant

deodorant

zrcadlo

mirror

kosmetické zrcátko

hand mirror

holicí strojek

razor

pěna na holení

shaving foam

voda po holení

aftershave

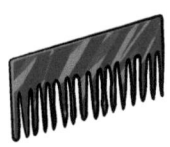

hřeben

comb

kartáč

brush

fén

hair-dryer

lak na vlasy

hairspray

makeup

makeup

rtěnka

lipstick

lak na nehty

nail varnish

vata

cotton wool

nůžky na nehty

nail scissors

parfém

perfume

aška s toaletními potřebami

washbag

stolička

stool

váha

weighing scales

župan

bathrobe

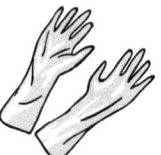

gumové rukavice

rubber gloves

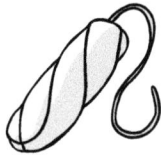

tampón

tampon

dámská vložka

sanitary towel

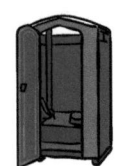

chemická toaleta

chemical toilet

dětský pokoj

kids room

budík
alarm clock
plyšová hračka
cuddly toy
autíčko
toy car
chrastítko
rattle
domeček pro panenky
doll's house
dárek
present

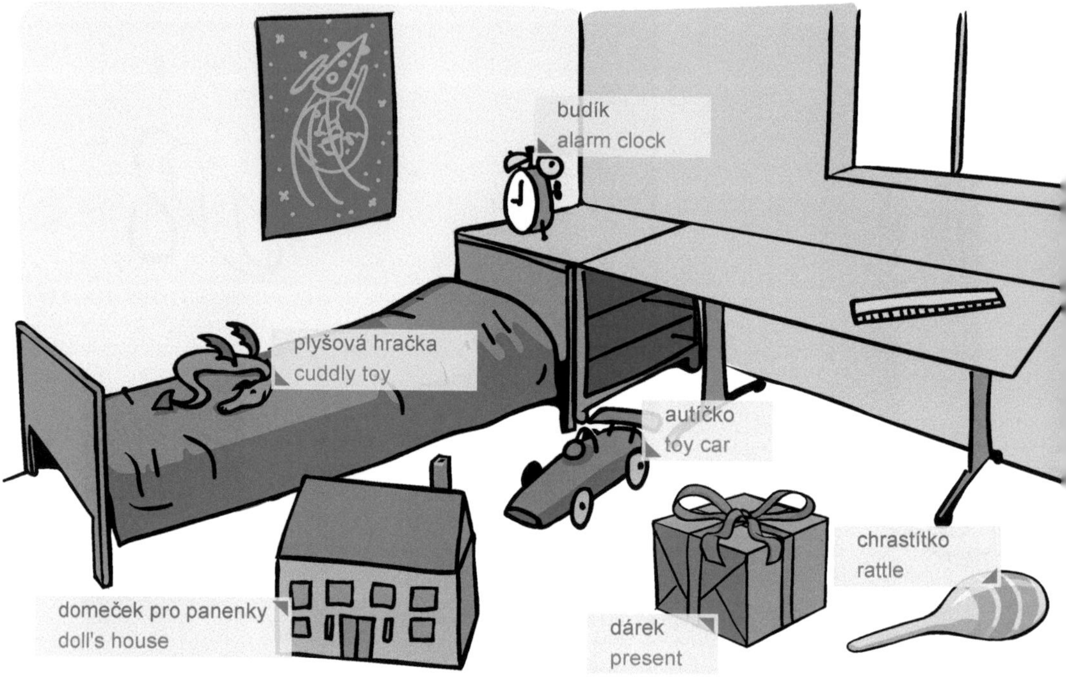

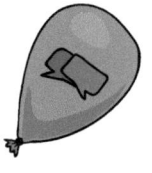

balón

balloon

postel

bed

kočárek

stroller

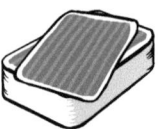

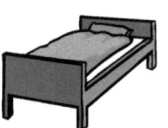

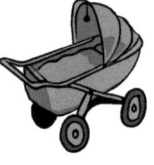

balíček karet

deck of cards

puzzle

jigsaw

SUPER MEGA

komiks

comic

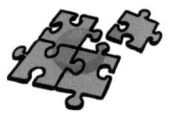

lego kostky

lego bricks

stavebnice

toy blocks

akční figurka

action figure

dupačky

romper suit

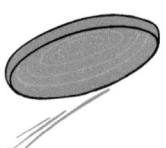

frisbee

frisbee

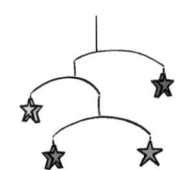

závěsné hračky nad postýlku

mobile

desková hra

board game

kostky

dice

modelová železnice

model train set

dudlík

pacifier

oslava

party

obrázková kniha

picture book

míč

ball

panenka

doll

hrát si

play

pískoviště

sandpit

houpačka

swing

hračky

toys

hrací konzole

video game console

tříkolka

tricycle

medvídek

teddy bear

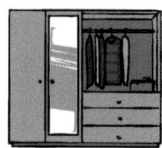

šatník

wardrobe

oblečení
clothing

ponožky

socks

punčochy

stockings

punčochové kalhoty

tights

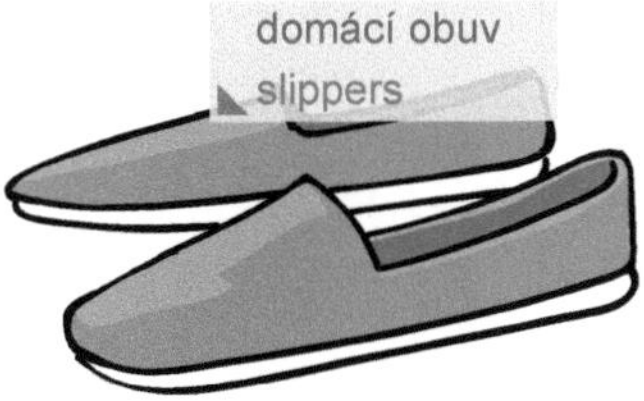

šála
scarf

deštník
umbrella

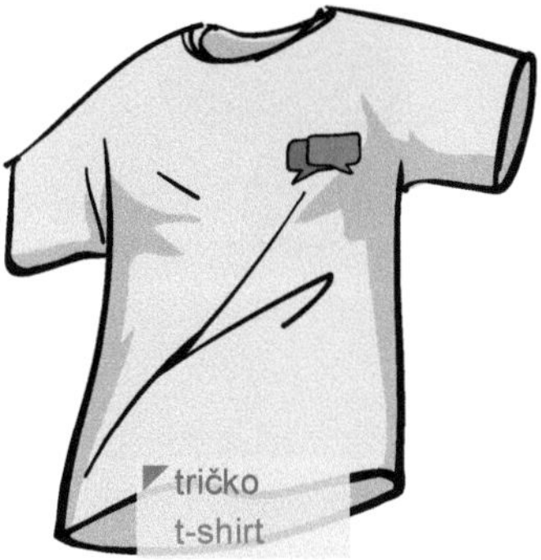

tričko
t-shirt

pásek
belt

kozačky
boots

domácí obuv
slippers

tenisky
sneakers

sandály
·················
sandals

obuv
·················
shoes

holínky
·················
rubber boots

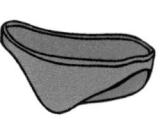

spodní prádlo
·················
underwear

podprsenka
·················
bra

nátělník
·················
undershirt

oblečení - clothing

45

body
body

kalhoty
pants

džíny
jeans

sukně
skirt

blůza
blouse

košile
shirt

svetr
pullover

mikina
sweater

blejzr
blazer

bunda
jacket

kabát
coat

pláštěnka
raincoat

kostým
costume

šaty
dress

svatební šaty
wedding dress

oblek

suit

noční košile

nightgown

pyžamo

pajamas

sárí

sari

šátek na hlavu

headscarf

turban

turban

burka

burka

kaftan

kaftan

abája

abaya

plavky

swimsuit

pánské plavky

trunks

kraťasy

shorts

tepláková souprava

tracksuit

zástěra

apron

rukavice

gloves

knoflík

button

brýle

glasses

náramek

bracelet

náhrdelník

necklace

prsten

ring

náušnice

earring

čepice

cap

ramínko

coat hanger

klobouk

hat

kravata

tie

zip

zip

helma

helmet

kšandy

braces

školní uniforma

school uniform

uniforma

uniform

bryndák
bib

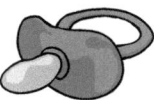

dudlík
pacifier

plena
diaper

kancelář
office

papír
paper

kartotéka
filing cabinet

tiskárna
printer

server
server

monitor
monitor

šanon
folder

psací stůl
desk

myš
mouse

klávesnice
keyboard

odpadkový koš na papír
waste-paper basket

počítač
computer

židle
chair

hrnek na kávu
coffee mug

kalkulačka
calculator

internet
internet

notebook

laptop

dopis

letter

zpráva

message

mobil

cell phone

síť

network

kopírka

photocopier

software

software

telefon

telephone

zásuvka

plug socket

fax

fax machine

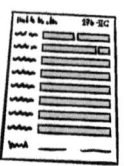

formulář

form

dokument

document

nakupovat

buy

zaplatit

pay

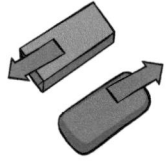

jednat

trade

peníze

money

USD

dolar

dollar

EUR

euro

euro

JPY

jen

yen

RUB

rubl

rouble

CHF

frank

Swiss franc

CNY

juan

renminbi yuan

INR

rupie

rupee

bankomat

cash point

směnárna

currency exchange office

zlato

gold

stříbro

silver

olej

oil

energie

energy

cena

price

smlouva

contract

daň

tax

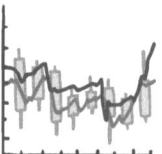

akcie

stock

pracovat

work

zaměstnanec

employee

zaměstnavatel

employer

továrna

factory

obchod

shop

povolání
occupations

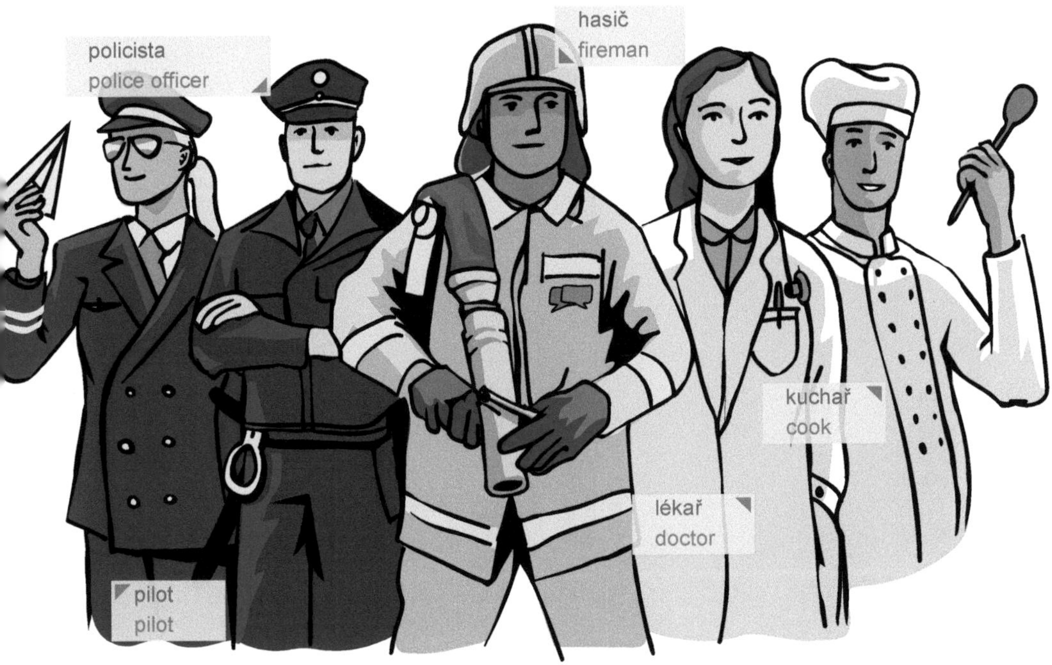
hasič
fireman
policista
police officer
kuchař
cook
lékař
doctor
pilot
pilot

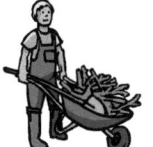

zahradník

gardener

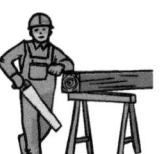

truhlář

carpenter

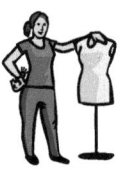

švadlena

seamstress

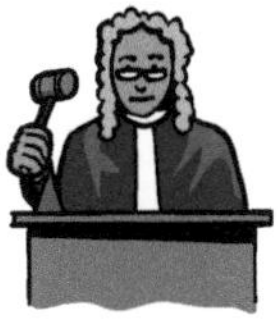

soudce

judge

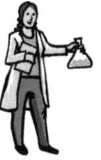

chemik

chemist

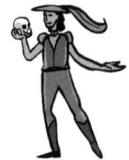

herec

actor

řidič autobusu

bus driver

řidič taxi

taxi driver

rybář

fisherman

uklízečka

cleaning lady

pokrývač

roofer

číšník

waiter

myslivec

hunter

malíř

painter

pekař

baker

elektrikář

electrician

stavební dělník

builder

inženýr

engineer

řezník

butcher

klempíř

plumber

listonoš

postman

voják

soldier

architekt

architect

pokladní

cashier

florista

florist

kadeřník

hairdresser

průvodčí

conductor

mechanik

mechanic

kapitán

captain

zubař

dentist

vědec

scientist

rabín

rabbi

imám

imam

mnich

monk

duchovní

pastor

nářadí
tools

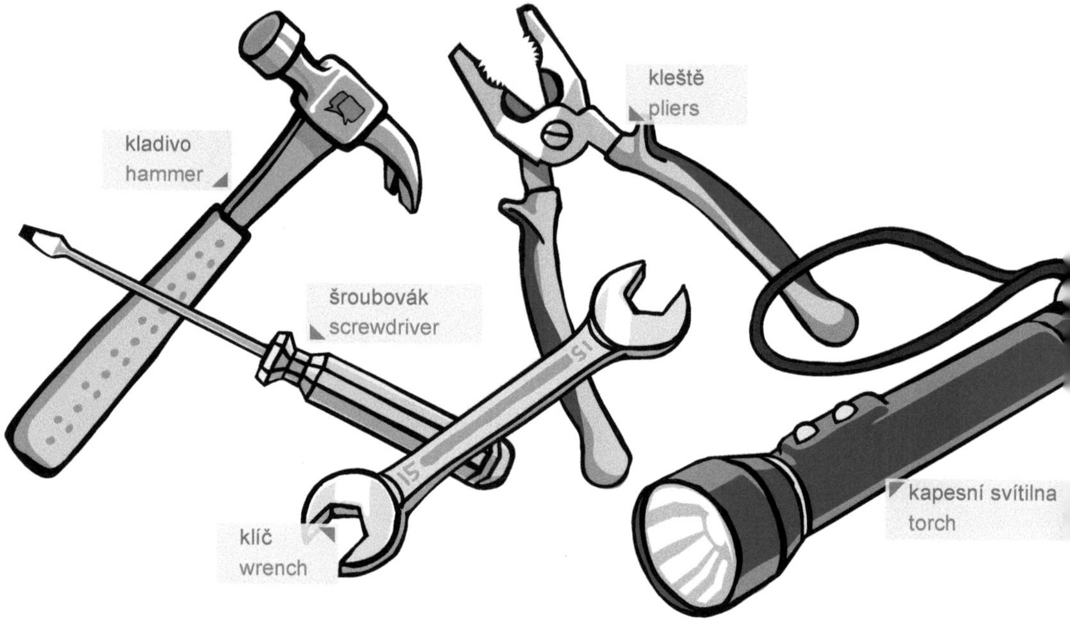

kladivo
hammer
kleště
pliers
šroubovák
screwdriver
klíč
wrench
kapesní svítilna
torch

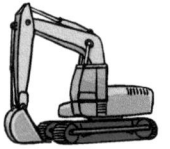

bagr

excavator

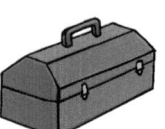

skříň na nářadí

toolbox

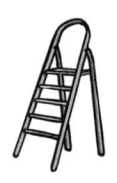

žebřík

ladder

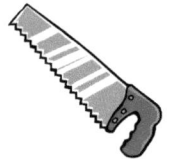

pila

saw

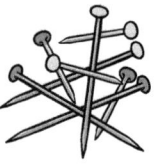

hřebíky

nails

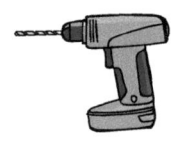

vrtačka

drill

opravit
....
repair

lopata
....
shovel

Kurva!
....
Damn!

lopatka
....
dustpan

vědroé na barvu
....
paint can

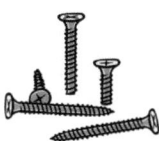

šrouby
....
screws

hudební nástroje
musical instruments

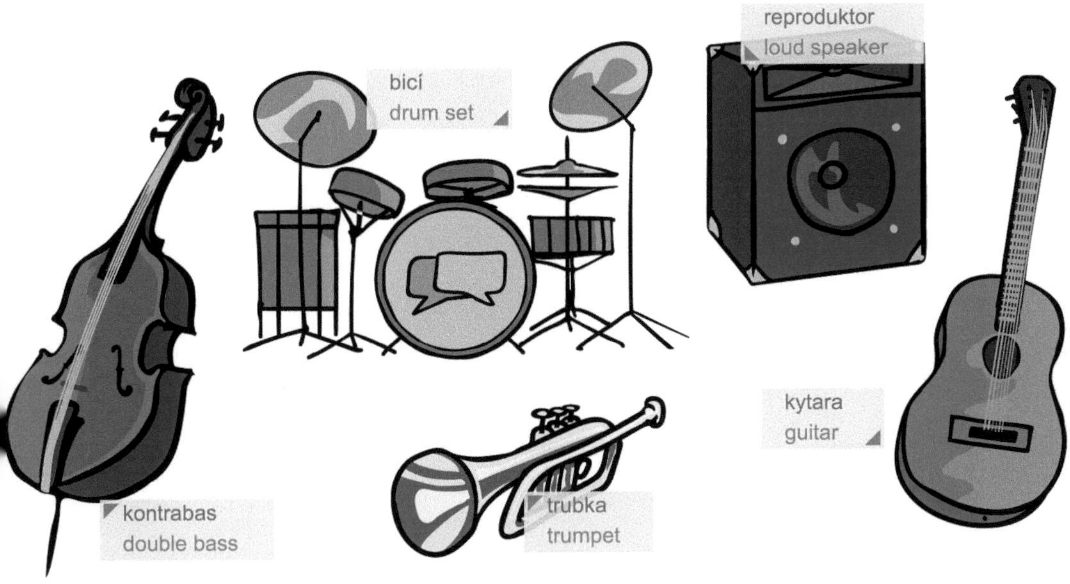

reproduktor
loud speaker

bicí
drum set

kytara
guitar

kontrabas
double bass

trubka
trumpet

klavír

piano

housle

violin

basa

bass

tympán

timpani

bubny

drums

keyboard

keyboard

saxofon

saxophone

flétna

flute

mikrofon

microphone

hudební nástroje - musical instruments

ZOO

ZOO

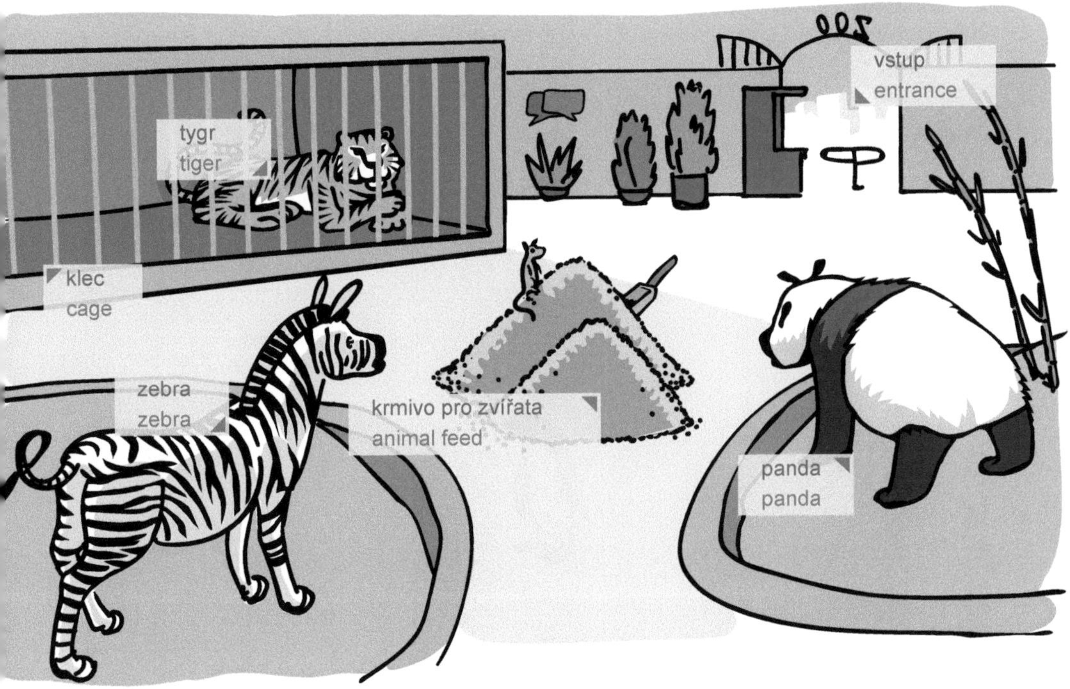
zoo
vstup
entrance
tygr
tiger
klec
cage
zebra
zebra
krmivo pro zvířata
animal feed
panda
panda

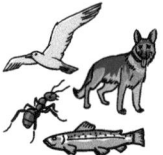

zvířata

animals

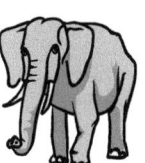

slon

elephant

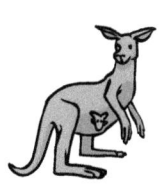

klokan

kangaroo

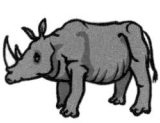

nosorožec

rhino

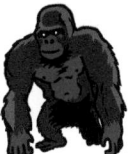

gorila

gorilla

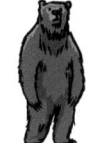

medvěd

bear

velbloud

camel

pštros

ostrich

lev

lion

opice

monkey

plameňák

flamingo

papoušek

parrot

lední medvěd

polar bear

tučňák

penguin

žralok

shark

páv

peacock

had

snake

krokodýl

crocodile

ošetřovatel zvířat

zookeeper

tuleň

seal

jaguár

jaguar

poník

pony

leopard

leopard

hroch

hippo

žirafa

giraffe

orel

eagle

divoké prase

boar

ryby

fish

želva

turtle

mrož

walrus

liška

fox

gazela

gazelle

americký fotbal
American football

cyklistika
cycling

tenis
tennis

košíková
basketball

plavání
swimming

box
boxing

lední hokej
ice hockey

kopaná
soccer

badminton
badminton

lehká atletika
athletics

házená
handball

běh na lyžích
skiing

vodní pólo
polo

skočit
jump

smát se
laugh

objímat
hug

jít
walk

zpívat
sing

modlit se
pray

políbit
kiss

snít
dream

psát	kreslit	ukazovat
write	draw	show
tlačit	dát	vzít si
push	give	take

mít
have

dělat
do

být
be

stát
stand

běhat
run

táhnout
pull

hodit
throw

padat
fall

ležet
lie

čekat
wait

nosit
carry

sedět
sit

oblékat
get dressed

spát
sleep

vzbudit se
wake up

prohlédnout si

look at

plakat

cry

pohladit

stroke

česat

comb

hovořit

talk

rozumět

understand

ptát se

ask

slyšet

listen

pít

drink

jíst

eat

uklidit

tidy up

milovat

love

vařit

cook

jet

drive

letět

fly

plachtit
sail

počítat
calculate

číst
read

učit se
learn

pracovat
work

vzít si
marry

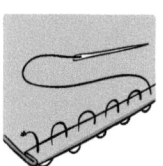

šít
sew

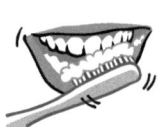

čistit si zuby
brush teeth

zabít
kill

kouřit
smoke

poslat
send

babička
grandmother

dědeček
grandfather

otec
father

matka
mother

dítě
baby

dcera
daughter

syn
son

host
guest

teta
aunt

strýc
uncle

bratr
brother

sestra
sister

tělo

body

čelo
forehead
oko
eye
obličej
face
brada
chin
hruď
breast
rameno
shoulder
prst
finger
ruka
hand
dolní končetina
leg
paže
arm

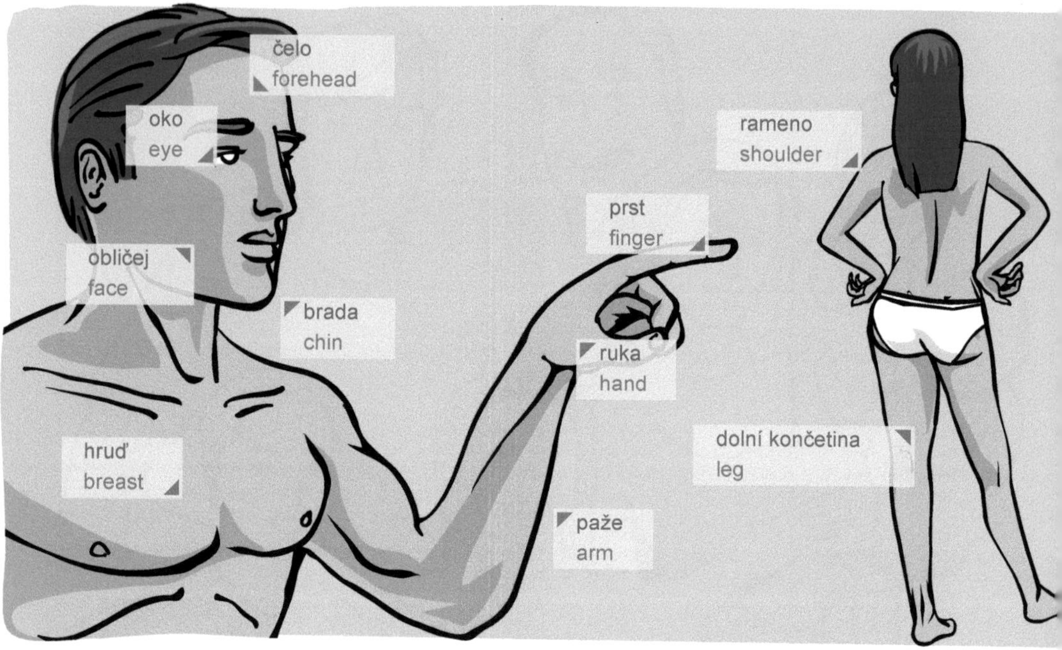

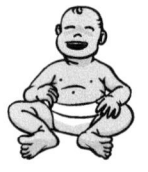

dítě

baby

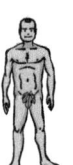

muž

man

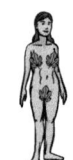

žena

woman

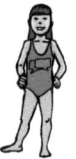

dívka

girl

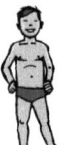

chlapec

boy

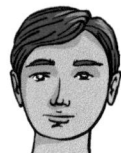

hlava

head

záda

back

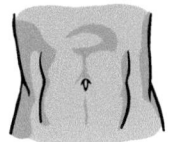

břicho

belly

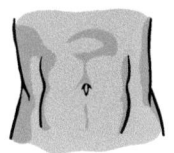

pupík

navel

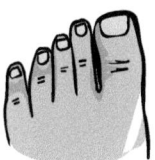

prst na noze

toe

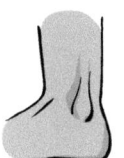

pata

heel

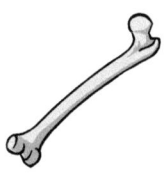

kost

bone

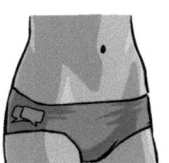

bok

hip

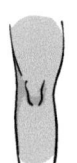

koleno

knee

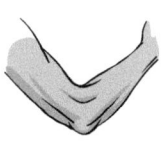

loket

elbow

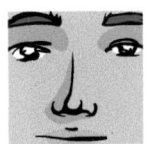

nos

nose

zadek

buttocks

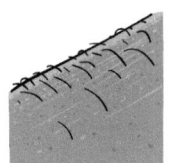

kůže

skin

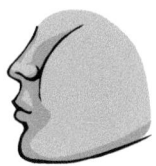

tvář

cheek

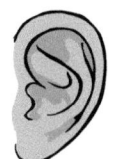

ucho

ear

ret

lip

ústa
mouth

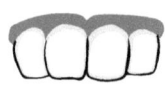

zub
tooth

jazyk
tongue

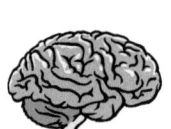

mozek
brain

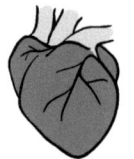

srdce
heart

sval
muscle

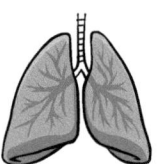

plíce
lung

játra
liver

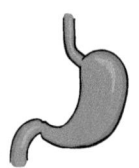

žaludek
stomach

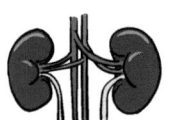

ledviny
kidneys

pohlavní styk
sex

kondom
condom

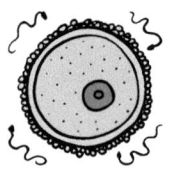

vajíčko
ovum

sperma
semen

těhotenství
pregnancy

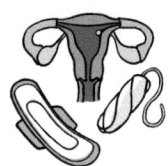

menstruace

menstruation

vagina

vagina

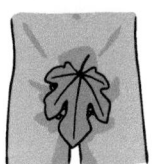

penis

penis

obočí

eyebrow

vlasy

hair

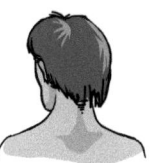

krk

neck

nemocnice
hospital

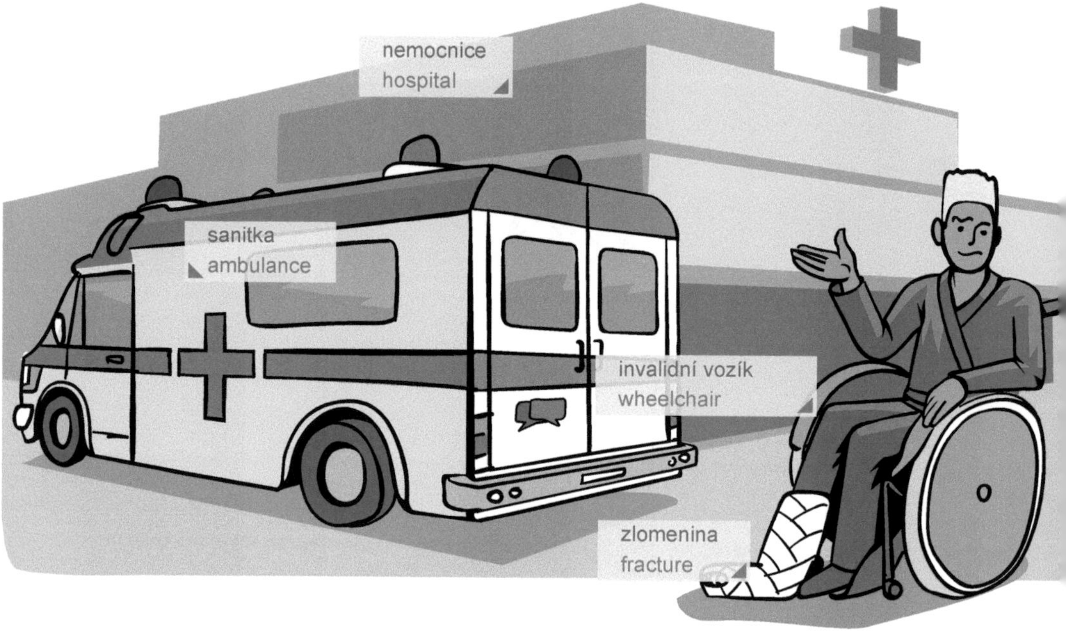

nemocnice
hospital
sanitka
ambulance
invalidní vozík
wheelchair
zlomenina
fracture

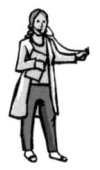

lékař

doctor

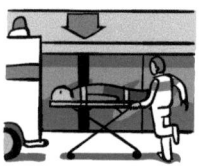

pohotovost

emergency room

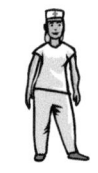

zdravotní sestra

nurse

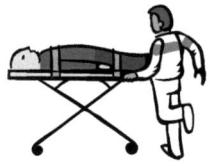

urgentní případ

emergency

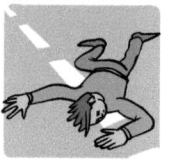

v bezvědomí

unconscious

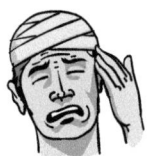

bolest

pain

úraz

injury

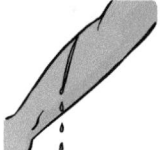

krvácení

bleeding

infarkt myokardu

heart attack

cévní mozková příhoda

stroke

alergie

allergy

kašel

cough

horečka

fever

chřipka

flu

průjem

diarrhea

bolest hlavy

headache

rakovina

cancer

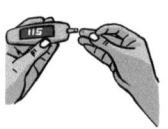

cukrovka

diabetes

chirurg

surgeon

skalpel

scalpel

operace

operation

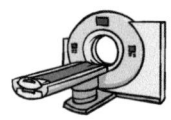

CT

CT

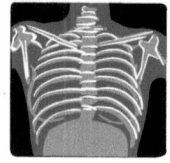

rentgen

x-ray

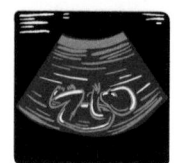

ultrazvuk

ultrasound

maska

face mask

nemoc

disease

čekárna

waiting room

berle

crutch

náplast

plaster

obvaz

bandage

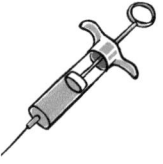

injekce

injection

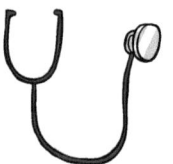

stetoskop

stethoscope

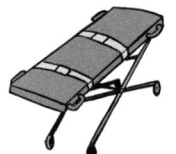

nosítka

stretcher

teploměr

clinical thermometer

porod

birth

nadváha

overweight

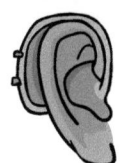

naslouchátko

hearing aid

dezinfekční prostředek

disinfectant

infekce

infection

virus

virus

HIV / AIDS

HIV / AIDS

lékařství

medicine

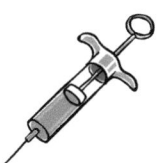

očkování

vaccination

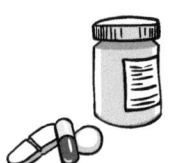

tablety

tablets

pilulka

pill

tísňové volání

emergency call

tonometr

blood pressure monitor

nemocný / zdravý

ill / healthy

nemocnice - hospital

Pomoc!

Help!

poplach

alarm

přepadení

assault

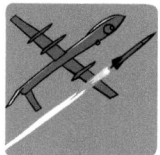

napadení

attack

nebezpečí

danger

nouzový východ

emergency exit

Hoří!

Fire!

hasicí přístroj

fire extinguisher

nehoda

accident

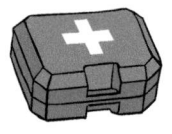

zdravotnická brašna

first-aid kit

SOS

SOS

policie

police

Evropa

Europe

Severní Amerika

North America

Jižní Amerika

South America

Afrika

Africa

Asie

Asia

Austrálie

Australia

Atlantik

Atlantic

Pacifik

Pacific

Indický oceán

Indian Ocean

Jižní ledový oceán

Antarctic Ocean

Severní ledový oceán

Arctic Ocean

severní pól

North pole

jižní pól

South pole

Antarktida

Antarctica

země

earth

pevnina

land

moře

sea

ostrov

island

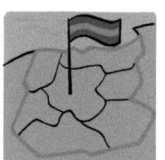

národ

nation

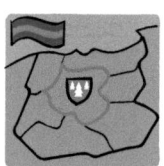

stát

state

ciferník

clock face

hodinová ručička

hour hand

minutová ručička

minute hand

vteřinová ručička

second hand

Kolik je hodin?

What time is it?

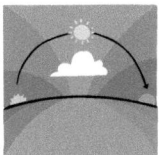

den

day

čas

time

teď

now

digitální hodinky

digital watch

minuta

minute

hodina

hour

týden

week

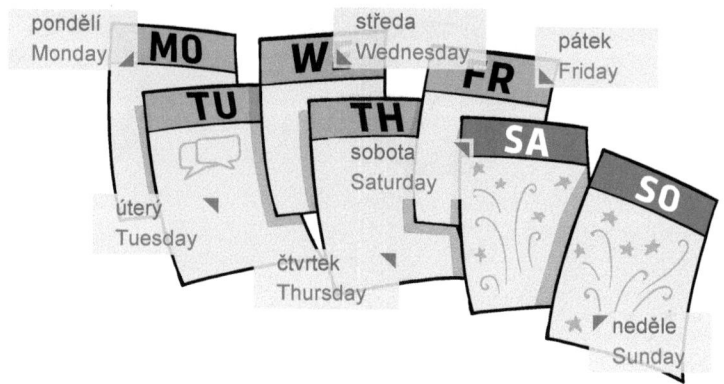

pondělí
Monday

úterý
Tuesday

středa
Wednesday

čtvrtek
Thursday

pátek
Friday

sobota
Saturday

neděle
Sunday

včera
....
yesterday

dnes
....
today

zítra
....
tomorrow

ráno
....
morning

poledne
....
noon

večer
....
evening

MO	TU	WE	TH	FR	SA	SU
1	2	3	4	5	6	7
8	9	10	11	12	13	14
15	16	17	18	19	20	21
22	23	24	25	26	27	28
29	30	31	1	2	3	4

pracovní dny
....
workdays

MO	TU	WE	TH	FR	SA	SU
1	2	3	4	5	6	7
8	9	10	11	12	13	14
15	16	17	18	19	20	21
22	23	24	25	26	27	28
29	30	31	1	2	3	4

víkend
....
weekend

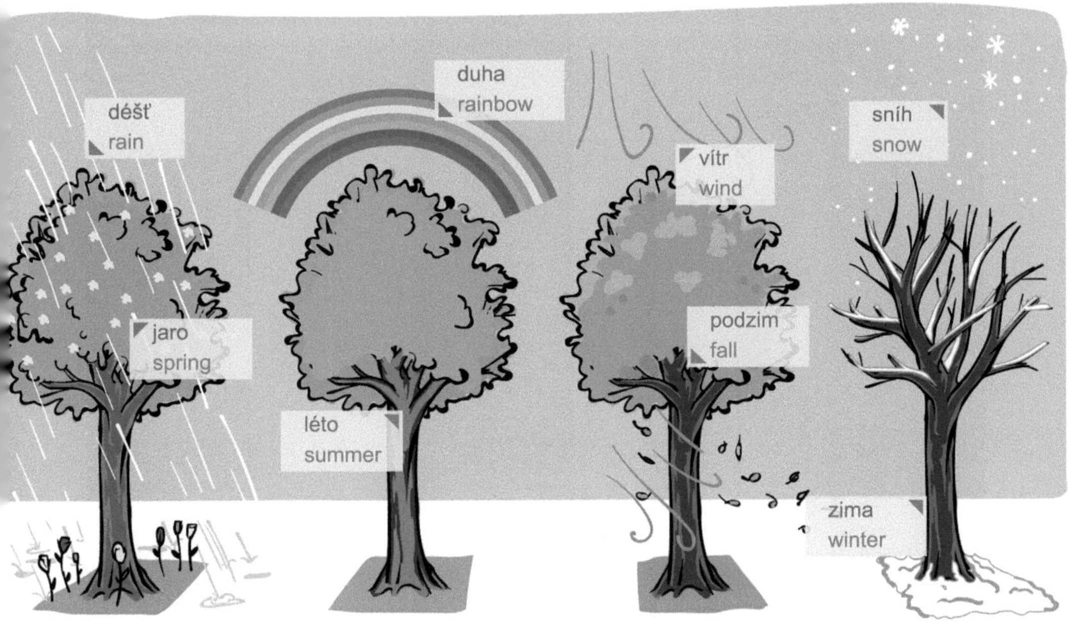

déšť
rain
duha
rainbow
vítr
wind
sníh
snow
jaro
spring
léto
summer
podzim
fall
zima
winter

4.APRIL 11°
5.APRIL 4°
6.APRIL 13°
7.APRIL 8°
8.APRIL 10°

předpověď počasí

weather forecast

F
C
120
90
60
30
0
-30
40
30
20
10
0
-10
-20

teploměr

thermometer

sluneční svit

sunshine

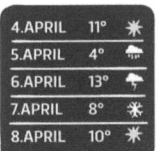

mrak

cloud

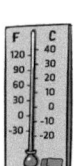

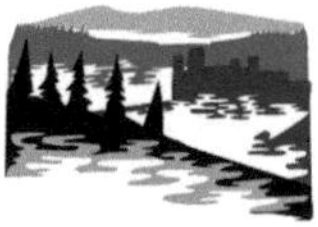

mlha

fog

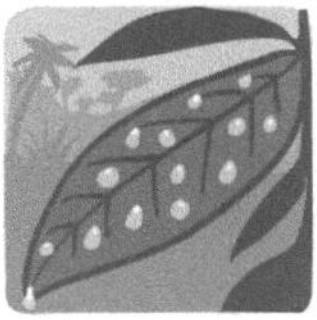

vlhkost

humidity

blesk
lightning

hrom
thunder

bouřka
storm

kroupy
hail

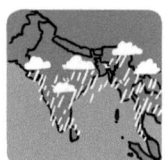

monzun
monsoon

povodeň
flood

led
ice

leden
January

únor
February

březen
March

duben
April

květen
May

červen
June

červenec
July

srpen
August

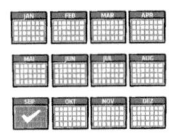

září
....
September

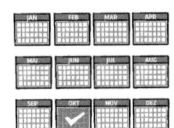

říjen
....
October

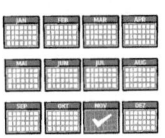

listopad
....
November

prosinec
....
December

tvary
shapes

kruh
....
circle

čtverec
....
square

obdélník
....
rectangle

trojúhelník
....
triangle

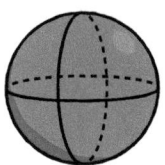

koule
....
sphere

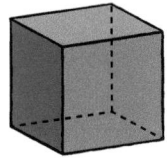

krychle
....
cube

barvy
colors

bílá

white

žlutá

yellow

oranžová

orange

růžová

pink

červená

red

fialová

purple

modrá

blue

zelená

green

hnědá

brown

šedá

gray

černá

black

hodně / málo
....
a lot / a little

rozzuřený / mírumilovný
....
angry / calm

krásný / ošklivý
....
beautiful / ugly

začátek / konec
....
beginning / end

velký / malý
....
big / small

světlý / tmavý
....
bright / dark

bratr / sestra
....
brother / sister

čistý / špinavý
....
clean / dirty

úplný / neúplný
....
complete / incomplete

den / noc
....
day / night

mrtvý / živý
....
dead / alive

široký / úzký
....
wide / narrow

jedlý / nejedlý

edible / inedible

zlý / hodný

evil / kind

vzrušený / znuděný

excited / bored

tlustý / hubený

fat / thin

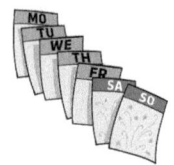

nejdříve / naposledy

first / last

přítel / nepřítel

friend / enemy

plný / prázdný

full / empty

tvrdý / měkký

hard / soft

těžký / lehký

heavy / light

hlad / žízeň

hunger / thirst

nemocný / zdravý

ill / healthy

ilegální / legální

illegal / legal

inteligentní / hloupý

intelligent / stupid

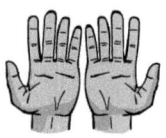

vlevo / vpravo

left / right

blízko / daleko

near / far

nový / použitý

new / used

nic / něco

nothing / something

starý / mladý

old / young

zapnutý / vypnutý

on / off

otevřeno / zavřeno

open / closed

tichý / hlasitý

quiet / loud

bohatý / chudý

rich / poor

správný / špatný

right / wrong

drsný / hladký

rough / smooth

smutný / šťastný

sad / happy

krátký / dlouhý

short / long

pomalý / rychlý

slow / fast

vlhký / suchý

wet / dry

teplý / chladný

warm / cool

válka / mír

war / peace

0

nula

zero

1

jedna

one

2

dva

two

3

tři

three

4

čtyři

four

5

pět

five

6

šest

six

7

sedm

seven

8

osm

eight

9

devět

nine

10

deset

ten

11

jedenáct

eleven

12

dvanáct

twelve

13

třináct

thirteen

14

čtrnáct

fourteen

15

patnáct

fifteen

16

šestnáct

sixteen

17

sedmnáct

seventeen

18

osmnáct

eighteen

19

devatenáct

nineteen

20

dvacet

twenty

100

sto

hundred

1.000

tisíc

thousand

1.000.000

milion

million

angličtina

English

americká angličtina

American English

standardní čínština

Chinese Mandarin

hindština

Hindi

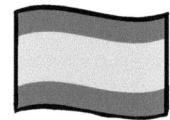

španělština

Spanish

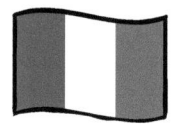

francouzština

French

arabština

Arabic

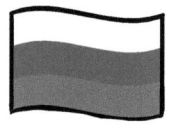

ruština

Russian

portugalština

Portuguese

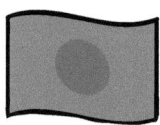

bengálština

Bengali

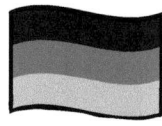

němčina

German

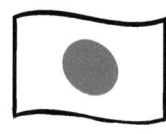

japonština

Japanese

já

I

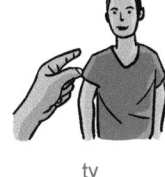

ty

you

on / ona / ono

he / she / it

my

we

vy

you

oni

they

Kdo?

who?

Co?

what?

Jak?

how?

Kde?

where?

Kdy?

when?

jméno

name

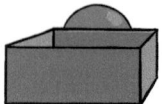

za

behind

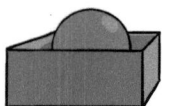

do

in

z

in front of

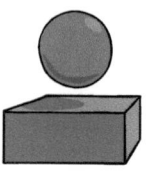

nad

over

na

on

mezi

under

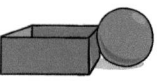

vedle

beside

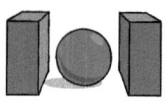

mezi

between

místo

place